LUZ MARÍA DE LA FUENTE

A SOGRA
(E A NORA) IDEAL

3ª edição

Tradução
Guilherme Sanches Ximenes

QUADRANTE

São Paulo
2023

Título original
La suegra ideal / La nuera ideal

Copyright © 1998 Ediciones Palabra, Madri

Capa
Provazi Design

Dados Internacionais de Catalogação na Publicação (CIP)

Fuente, Luz María de la
  A sogra (e a nora) ideal / Luz María de la Fuente; tradução de Guilherme Sanches Ximenes – 3ª ed. — São Paulo: Quadrante, 2023.

  ISBN: 978-85-7465-548-2

  1. Relações familiares I. Título

CDD-306.87

Índice para catálogo sistemático:
1. Relações familiares 306.87

Todos os direitos reservados a
QUADRANTE EDITORA
Rua Bernardo da Veiga, 47 - Tel.: 3873-2270
CEP 01252-020 - São Paulo - SP
www.quadrante.com.br / atendimento@quadrante.com.br

SUMÁRIO

A SOGRA IDEAL 5

A NORA IDEAL 77

EPÍLOGO 123

A SOGRA IDEAL

Introdução

Sogra: «mãe do marido em relação à mulher». São palavras textuais do dicionário Aurélio. É verdade que a seguir, em segundo lugar e depois de uma vírgula, o dicionário acrescenta: «ou mãe da esposa em relação ao marido». Não diz, por exemplo, «mãe de um dos cônjuges em relação ao outro». Afinal, a ideia generalizada, a que todos temos, é que a sogra propriamente dita, a que realmente tem fama de «sogra», é em primeiro lugar a mãe do homem, embora a da mulher seja mais frequentemente o alvo principal dos comentários jocosos, das historietas, das piadas etc.

No convívio familiar, o relacionamento sogra/nora parece exigir uma maior capacidade de adaptação de ambas as partes. Talvez isso se deva à semelhança que existe, apesar de todas as diferenças, entre duas mulheres que exercem a mesma profissão básica, a de donas de casa. Ou talvez à maneira peculiar que têm de sentir os seus respectivos afetos, maternal e conjugal.

Seja como for, o conhecido ditado que diz: «Quando se casa uma filha, ganha-se um filho; quando se casa um filho, perde-se um filho», continua a fazer estragos no subconsciente de muitas mulheres. Parecem sofrer de um medo ancestral de perder toda a influência, de ver-se sem voz nem voto no que diz respeito aos filhos, e por isso tornam-se excessivamente exigentes no seu desejo de autoafirmação, imagem defasada e triste de pessoas que ninguém quer imitar.

Atribuem-se à sogra todo o tipo de peculiaridades. Figura caricata, «agarrada às tradições», a sua língua tornou-se no uso popular sinônimo de «faca bem afiada», ou daqueles compridos apitos de papel, de som estridente e incômodo, tradicionais nas festas de crianças... Correm por toda parte as mais variadas piadas a seu respeito. No entanto, sabemos que não é assim: há muitos tipos de sogras, tantos quantos os tipos de temperamentos. Existem as nervosas, as coléricas, as apaixonadas, as sentimentais etc., etc., e geralmente eram assim antes de se tornarem sogras.

De qualquer forma, quer se trate da mãe do marido ou da mãe da mulher, a sogra é uma personagem importante na vida familiar por inúmeros motivos. Primeiro, porque faz parte desse tronco antigo, com raízes profundas, do qual já surgiram tantos frutos e, dentre eles, esse que irá converter-se numa fecunda arvorezinha ao tomar vida própria mediante o matrimônio. Segundo, porque, haja o que houver, não deixa nunca de ser a mãe do seu filho ou filha, mesmo depois de casados, e continua a ter direitos e deveres com relação a eles. Terceiro, porque ganha uma nova e grande responsabilidade que nasce precisamente da sua nova condição: a sogra passa a ser *duplamente mãe,* ou, se preferirmos, *mãe bis.*

As vitaminas do amor

Entre as provas de fogo pelas quais todas nós, mulheres casadas, tivemos de passar antes do matrimônio está o primeiro «visto bom» da mãe do namorado. Que futura nora não se sentiu «encurralada» pelo perscrutador olhar materno da sogra em potencial?

Imaginemos a cena. A namorada do filho chega para tomar um lanche à casa dos pais do seu «príncipe encantado». Vem lindíssima... e com os nervos tensos como corda de violão. A «sogra estreante» desfaz-se em atenções e, com a boa vontade de todos, a reunião vai correndo às mil maravilhas. Mas, como a partir desse momento a eleita do filho vai deixar de ser uma desconhecida, ou seja, alguém que se pode mais ou menos ignorar, a senhora sogra põe-se inconscientemente a avaliar as virtudes do par que tem ali diante de si.

O seu filho, em quem costumava encontrar centenas de coisas a criticar num carinhoso desabafo, de repente parece-lhe fora de série. É claro que tem alguns defeitinhos..., mas como é simpático e elegante! Junto do «seu menino» está «aquela mocinha»... «Que terá visto nela?», pergunta-se ela, que sonhou para o seu rapaz somente o melhor do melhor. A namorada sorri de maneira desajeitada? «Como é esquisita!» Não come praticamente nada? «Com certeza, está fazendo pouco caso do nosso feijão-com-arroz! Que desenxabida!»

Na realidade, porém, a pobrezinha está apenas tentando superar a inibição que lhe causa a situação de protagonista. Conversa e escuta sentindo-se à deriva naquele ambiente estranho, pensando em como poderá adaptar-se naquele novo *habitat*. O que parece frieza é timidez, o que parece indiferença é insegurança... Para que pudesse revelar-se como verdadeiramente é, precisaria acima de tudo ser *acolhida* sem se sentir julgada já desde o começo.

Ao contrário do que se costuma dizer, o amor *não* é cego. O que acontece é que, por obra e graça do carinho, ocorre uma espécie de milagre: o amor faz-nos aceitar os defeitos das pessoas que amamos, conscientes de que essas imperfeições também fazem parte da sua personalidade. Qualquer ser humano tem uma série de limitações que, por mais que tente corrigir, não deixam de estar presentes nele e de incomodar-nos. O amor aceita essa realidade e, neste sentido, supera a natureza, porque vai além daquilo que nos agradaria naturalmente: que aqueles a quem amamos fossem um modelo de perfeições e de harmonia.

Não há dúvida de que seria um verdadeiro descanso e uma satisfação incomparável para nós se os outros fossem perfeitos, como aliás aconteceria também com eles se, por sorte, encontrassem apenas perfeições em nós... A realidade, infelizmente, costuma ser bem diferente. E é por isso que o Catecismo nos recomenda uma maravilhosa obra de misericórdia, que aconselha a «sofrer com paciência as fraquezas do próximo».

Esta faceta do amor — uma aceitação que *não é descortês, não se irrita, não pensa mal, tudo desculpa, tudo suporta* (1 Cor 13, 5-7) — está especialmente presente no amor dos pais pelos filhos. Por trás das pequenas tormentas das discussões, das brigas ou desavenças passageiras, da necessidade de castigar e corrigir, há sempre um fundo, muitas vezes heroico e sempre incondicional, de benevolência e de acolhimento. Gostamos dos nossos filhos, sejam como forem! Afinal de contas, não são nossos filhos?!

Poderemos então perguntar-nos: será que queremos tão bem aos nossos filhos simplesmente por havê-los gerado? Não há dúvida de que conceber e dar à luz um filho é a origem de um vínculo sem igual para os pais. É o laço mais forte que existe. Mas também não há dúvida de que a história de muitas famílias nos mostra que se pode amar igualmente um filho adotivo. Há portanto um *algo mais,* muito além dos vínculos de sangue, que contribui para que o amor seja forte: a generosidade de uma entrega constante, o desejo de ver progredir aqueles que amamos, o sentir-nos correspondidos — um sorriso, uma palavra, um pedido a comprovar que necessitam de nós —, o trabalho das nossas mãos realizado dia após dia por eles, sem pensar em cansaços, afugentando a rotina...

É todo um conjunto de qualidades, ou pelo menos de boa vontade, que colocamos a serviço das pessoas a quem queremos bem. Essas são, na realidade, as vitaminas que fortalecem o amor. Que poderia impedir-nos de alimentar com elas o relacionamento com as noras e os genros?

Não se escolhem os filhos

Não se escolhem os filhos. Eles são quem são, têm personalidade própria e de forma alguma se conformam com ser um simples retrato nosso. Cada um é um milagre vivente. Mas apresentam-se com uma grande vantagem, que mitiga em parte a enorme surpresa que todo o nascimento traz consigo: quando vêm ao mundo, são pequeninos, e nessas condições sempre nos parecem encantadores.

Em contrapartida, uma das características próprias da «maternidade por afinidade» que nós, as sogras, adquirimos pelo casamento dos nossos filhos, é precisamente o fato de que os genros ou noras já estão «crescidinhos» quando irrompem nas nossas vidas. Tal como aconteceu com os nossos filhos por natureza, não escolhemos os nossos filhos por afinidade. E no entanto, por serem jovens e por muitas outras razões que todos conhecemos, também eles têm necessidade de ser acolhidos com um *carinho incondicional*.

A primeira virtude da sogra ideal — virtude, porque muitas vezes é algo que se tem de adquirir «à força de braços» —, é portanto a *aceitação* que acolhe sem desconfianças, críticas ou qualquer tipo de reservas egoístas a nora ou genro, nesse momento crucial em que se inicia uma nova família.

Pode acontecer que, do alto da nossa experiência de vida, a escolha do nosso filho ou filha não nos tenha parecido acertada, e que tenhamos tentado dissuadi-los de namorar com a escolhida ou o príncipe encantado do seu coração. Mas, se não nos tiverem dado ouvidos, tenhamos bem presente que essa decisão pertence unicamente a eles. Fomos aconselhando-os com delicadeza, fizemos tudo o que nos parecia justo e correto para esclarecê-los. Pois bem, uma vez que eles tenham tomado a decisão, a nós só nos cabe *respeitá-la* e acolher essa nova pessoa que não escolhemos com o mesmo carinho com que acolhemos os nossos filhos, que igualmente não escolhemos.

Esse carinho sem rival possível que se aninha no coração dos noivos, e que vai desembocar ou já desembocou no casamento, deveria ser para nós uma chamada à responsabilidade (e, se não o for, alguém deveria recordar--nos isso). Quando o seu filho decide amar uma mulher «até que a morte os separe», como é que a sogra, especialista em carinho por todo o amor que deu e recebeu ao longo da vida, pode deixar de aceitar essa mulher com entusiasmo maternal? E não é verdade que deve valorizar também o papel, difícil e insubstituível, que a mulher do seu filho vai desempenhar a partir do seu «sim» perante o altar? Como toda a boa e legítima esposa, a nora converter-se-á, pelo casamento, em rainha... E isso não é nada fácil, se não se conta com a benevolência dos «agregados».

Além disso, o tempo passa, e quantas vezes a futura sogra, se é uma pessoa normal, começa a impressionar-se com o acerto da escolha do filho! Com um pouco de boa vontade, descobrirá também «o que foi que ele viu nela», ou «ela nele». Afinal de contas, não foi no seu lar que os filhos aprenderam a gostar dessas qualidades que os cativaram? É muito provável que, uma vez desfeita a impressão inicial e à medida que vá havendo mais intimidade, apareça uma infinidade de qualidades boas na nora ou no genro que só estavam escondidas debaixo do «gelo» da timidez.

Mas também é possível que mais tarde, tal como nos acontece igualmente com os nossos próprios filhos, tenhamos lá as nossas «des-ilusões», que por sua vez poderiam abalar esse carinho inicial ou até «confirmar» as nossas piores previsões. Deveremos então ter em conta que essas desilusões são boas, porque significam uma tomada de contato com a realidade, às vezes dura e quase sempre difícil, mas sempre muito mais sugestiva e fecunda do que as ilusões. E se por acaso fomos um tanto ingênuas, interesseiras, dominadoras ou sentimentais, deveremos considerar que essas desilusões são na verdade a consequência lógica da *nossa* maneira de pensar e agir, mais do que culpa do genro ou da nora.

Terá chegado então o momento de tornar mais autêntico e mais sobrenatural o nosso carinho por essas pessoas, isto é, de apoiá-lo mais em Deus e na fé, e menos nos nossos gostos, interesses e opiniões. Que tal se víssemos, nos defeitos dos nossos «filhos por afinidade», em vez de algo que nos repugna, nos machuca ou nos ofende, precisamente uma manifestação da sua fraqueza e desvalimento? É uma característica que deveria não tanto repelir-nos, mas atrair a nossa compaixão, exigir de nós mais compreensão e mais paciência, levar-nos a um esforço mais sobrenatural por suprir aquilo que eles não conseguem dar.

Por sermos pais, aceitamos os nossos filhos como são. E precisamente por sermos pais, algum dia aceitaremos também esses genros e noras que eles terão escolhido livremente e que ampliarão a nossa família, dando-nos a possibilidade de aprofundar no sentido da nossa vocação, causa e origem de um incontável número de acontecimentos íntimos e importantíssimos que não teriam ocorrido se nós não tivéssemos dito «sim» diante do altar, no dia do nosso casamento.

«Desgraça pouca é bobagem»

Existem frases que, embora pouco exatas, refletem de maneira muito expressiva um momento determinado, uma situação concreta. Não é verdade que os males — aquilo que contraria a nossa natureza, mas que Deus permite para nosso bem — «venham todos de uma vez», se juntem todos numa mesma ocasião. No entanto, de vez em quando, pode dar-se tal acúmulo de situações adversas na vida de uma pessoa que ela se sinta tentada a tomar o ditado popular — «desgraça pouca é bobagem» ou, o que é equivalente, «as dificuldades nunca vêm sozinhas» — por uma grande verdade.

Este pensamento, que não deixa de ter algum fundo de verdade, pode servir-nos de ponto de partida para considerarmos um fator importante, que condiciona a situação da maioria das sogras: a sua *idade*. Ocorre com certa frequência que o momento em que uma mulher é «empossada» no título de sogra não coincide com uma época especialmente eufórica da sua existência. Talvez olhe a vida com serenidade e com uma certa nostalgia, mas será bastante normal que, uma vez ultrapassada a meia-idade, se apresentem algumas «goteiras» na sua estrutura, os tradicionais «sentimentos negativos» como a solidão, o desânimo etc.

Trata-se quase sempre de problemas fáceis de superar, mas a verdade é que representam uma complicação na nossa existência. Muitas mulheres, ao começarem a assumir o seu papel de sogras, encontram-se bastante cansadas, pois têm atrás de si uma trajetória profissional e humana considerável, com o consequente desgaste. E é agora que têm de voltar a sentir a dor de «dar à luz» mais uma filha ou filho — a nora ou o genro —, quando ainda conservam bem frescos na memória todos os sacrifícios que lhes custou gerar e criar os seus próprios filhos...

Se isso acontecer conosco, deveremos pensar que as coisas dependem em grande medida da cor das lentes com que as olhamos. Concretamente, será preciso lembrarmo-nos de que a fé em Deus é sempre uma espécie de «helicóptero» que nos permite elevar-nos acima das dificuldades interiores e exteriores, dando-nos serenidade suficiente para contemplarmos o panorama da nossa vida como um todo. Assim veremos que o que nos parece mais negro não passa da sombra projetada por um grande bem, como a que projeta uma montanha iluminada pelo sol dourado do entardecer. Conseguiremos enxergar tudo o que nos acontece na sua relação com a vontade amorosa de Deus, e este é o caminho ideal — na verdade, talvez o único caminho — para chegarmos a viver como o Senhor quer a nossa «nova maternidade».

Entender o que acontece conosco à luz do querer de Deus é, por outro lado, a melhor maneira de entendermos o que acontece com os outros. O relacionamento com o nosso Pai celestial e o conhecimento próprio levam-nos como que pela mão à compreensão do próximo, e são o caminho mais seguro para nos darmos bem com as pessoas mais chegadas — e quem mais chegado que o genro e a nora? —, que também sofrem, também têm limitações que os afligem e defeitos que tentam superar.

Sempre olhamos os filhos com ternura, carinho e encanto, mas às vezes também com dor. *Filho, por que procedeste assim conosco?* (Lc 2, 48): é provável que, ao pronunciar estas palavras olhando para o Menino que dizia *dever ocupar-se nas coisas de seu Pai*, Nossa Senhora estivesse a ponto de desfazer-se em lágrimas. Se Deus não quis poupar esse dissabor à sua Mãe, perfeita entre todas as mulheres, como não há de permitir que também os pais sofram por diversos motivos relativos aos seus filhos pelo sangue e pela afinidade... a fim de purificar o seu amor e torná-lo mais sobrenatural?

Amor feliz

Como conciliar esses inevitáveis sofrimentos com a necessidade imperiosa que têm os filhos, as noras, os genros e os netos de nos verem felizes? Afinal, dentro da instituição familiar, somos nós, os pais, a pedra angular que não pode rachar! De que a nossa felicidade transpareça no nosso rosto e na nossa atuação dependem em grande medida a segurança e a felicidade deles.

Para isso, temos de reavivar mais uma vez — já o fizemos tantas vezes, na nossa longa experiência de boas mães! — essa maneira de pensar que exprime o sentido autêntico de todo o amor verdadeiro: «Não lhes quero bem porque me fazem feliz, mas sou feliz porque lhes quero bem». «Ser mãe — ser sogra, podemos pensar — é padecer no paraíso», diz o adágio, recordando que as dores que sofremos estão indissociavelmente unidas às alegrias que os nossos filhos nos dão.

Depois, precisamos renovar a nossa esperança, lembrando-nos de que, mesmo debaixo de um coração que sofre, pode muito bem brilhar aquela «outra alegria», sobrenatural, que, nas palavras de São Josemaria Escrivá, «procede de abandonar tudo e te abandonares a ti mesmo nos braços amorosos do nosso Pai-Deus» *(Caminho,* n. 659). Só a partir dessa perspectiva esperançada é que toda a «mãe-sogra» deveria olhar o novo amor que irrompeu na sua vida e os problemas a que ele dá origem.

E, por fim, confiados em que Deus não nega nunca a sua ajuda a quem nEle confia de verdade, deveremos tentar mudar o rumo dos acontecimentos quando nos parecer que não correm como deviam. E aqui vale a pena lembrar que muitas vezes são decisivas uma forma positiva de abordar as questões espinhosas.

Uns poucos conselhos, espaçados, envolvidos na forma suave de uma confidência pessoal, de um episódio acontecido com uns conhecidos, de um caso familiar antigo, são mais eficazes do que um «pinga-pinga» contínuo de queixas e reclamações. Oferecer soluções, não em tom de recriminação, mas com um «Vocês já pensaram se não seria possível...», «Quem sabe se não daria certo fazer assim e assado...», anima muito mais do que disparar acusações em série e à queima-roupa, como uma metralhadora.

E não nos esqueçamos das «armas secretas» de que toda boa sogra «diplomata» dispõe: o *saber ouvir*, muito mais importante que o saber falar; e o *saber sorrir*, que perfura as muralhas de qualquer disposição hostil da outra parte.

Não há dúvida de que a nossa entronização como sogras nos colhe num momento da existência em que podemos sentir-nos um tanto sem forças para «começar tudo de novo». Mas também nos apanha num momento em que estamos mais preparadas do que nunca para desempenhar alguns aspectos insubstituíveis do nosso papel de mães: o de *conselheira* segura, experimentada e digna de confiança, e o de *confidente* maternal, que tudo ouve, tudo compreende e tudo perdoa. Afinal, a mesma vida que nos desgasta e cansa confere-nos experiência e um autêntico curso de relações humanas. E não há nada de que um jovem casal precise com mais urgência.

Um modelo de sogra

Hoje em dia, publicam-se livros sobre temas tão variados como jardinagem, dietas para emagrecer, culinária, encanamentos, modos de vencer a timidez, de aumentar a memória etc. Oferecem-nos quase todas as soluções possíveis para qualquer problema sob a forma de frases otimistas, a um preço acessível e apresentadas de uma maneira tão simples que, à primeira vista, se poderia pensar que é fácil cultivar orquídeas, perder oito quilos por semana, desentupir a pia da cozinha, instalar um sifão no lavatório ou mudar subitamente o visual.

O que não parece existir é uma bibliografia que nos ajude a ser boas sogras. Mas a verdade é que Alguém já reparou nessa lacuna: como Deus está ciente de todas as coisas, sabia que precisaríamos de um roteiro para a sogra ideal, e por isso deixou-nos um livro comovente sobre o tema. Não, não se trata de um «manual». Não nos diz, por exemplo, quais as qualidades fundamentais que devem adornar uma sogra. Limita-se a narrar uma história, e deixa à reflexão do leitor as conclusões pertinentes.

A história ocorreu há muitos séculos com uma família de Belém de Judá que, acossada pela fome que grassava no seu país de origem, mudou-se para a região de Moab. O marido — conta-nos o *Livro de Rute,* essa pequena maravilha incluída no Antigo Testamento por relatar um detalhe da genealogia do rei Davi e de Cristo — *chamava-se*

Elimelec, e a sua mulher Noemi; os seus dois filhos chamavam-se Maalon e Quelion (Ru 1, 2). Lá viveram cerca de dez anos, durante os quais Elimelec e os seus dois filhos, já casados, morreram, deixando Noemi sozinha com as suas noras, Orfa e Rute. É preciso dizer que as duas eram moabitas, isto é, pertenciam a um povo pagão, tradicionalmente inimigo do de Israel.

Um dia, *levantou-se Noemi e partiu da região de Moab com as suas duas noras, pois tinha ouvido dizer que o Senhor visitara o seu povo e lhe dera pão. Deixou, pois, o lugar onde tinha morado, com as suas noras, e tomou o caminho de volta para as terras de Judá* (Ru 1, 6-7). Mas, antes, como era uma sogra delicada e respeitadora, pensou que as duas talvez não devessem submeter-se ao que, para elas, seria um exílio da terra natal.

«Ide, voltai para a casa da vossa mãe», disse ela às suas noras. *«O Senhor*

use convosco de misericórdia, como vós usastes com os que morreram [os seus filhos] *e comigo! Que Ele vos conceda paz em vossos lares, cada uma em casa de seu marido!» E beijou-as* (Ru 1, 8-9). Com muita sensibilidade, sugeria-lhes que voltassem a buscar um marido no seio do seu povo, sem se preocuparem com o que seria dela na velhice.

Mas *elas puseram-se a chorar: «Nós iremos contigo para o teu povo», disseram. «Ide, minhas filhas», replicou Noemi. «Por que haveis de vir comigo? Porventura ainda tenho em meu seio filhos que possam tornar-se vossos maridos? Voltai, minhas filhas, porque já estou demasiado velha para casar-me de novo. E ainda que eu tivesse alguma esperança, e que esta noite mesmo me fosse dado ter marido, e viesse a gerar filhos, esperaríeis que crescessem, até se tornarem grandes, sem vos casardes de novo? Não, minhas filhas, minha dor é muito maior do que a vossa, porque a mão do Senhor pesou sobre mim». Então elas desataram de novo a chorar. Orfa beijou a sua sogra* — isto é, acabou por seguir o seu conselho, despedindo-se dela —, *mas Rute não quis separar-se dela* (Ru 1, 9-14).

«Eis que a tua cunhada voltou para o seu povo e para os seus deuses», disse-lhe Noemi; «vai com ela». «Não insistas comigo», respondeu Rute, «para que eu te deixe e me vá para longe de ti». E continuou, com umas palavras que exprimem de maneira comovente a fidelidade, numa das mais belas passagens de todo o Antigo Testamento: *«Aonde fores, eu irei; onde habitares, eu habitarei. O teu povo é o meu povo, e o teu Deus, o meu Deus. Na terra em que morreres, quero também eu morrer e aí ser sepultada. O Senhor trate-me com todo o rigor, se outra coisa a não ser a morte me separar de ti»* (Ru 1, 15-18).

Diante de tal resolução, continua a dizer-nos a Escritura, *Noemi não insistiu mais. Seguiram juntas o seu caminho até Belém.* E, adiante, conclui a primeira parte: *Foi assim que voltaram dos campos de Moab Noemi e a sua nora Rute, a moabita. Chegaram a Belém quando se começavam a segar as cevadas* (Ru 1, 18-22).

Mas a história não termina aí. Sob a orientação de Noemi, que a trata por «filha», Rute vai respigar nos campos de Booz, *homem poderoso e rico da família de Elimelec* (Ru 2, 1). Era costume, naquele tempo, que se deixasse os pobres apanharem as espigas de trigo, centeio ou cevada que ficassem no campo depois de passarem os ceifadores, porque sempre sobrava uma boa quantidade de grãos. Booz interessou-se pela sorte de Rute e acabou por casar-se com ela. *Tomou, pois, Rute, que se tornou sua mulher. Aproximou-se dela, e o Senhor concedeu-lhe a graça de conceber e dar à luz um filho* (Ru 4, 13).

As mulheres do povoado alegraram-se e, ao verem o recém-nascido, felicitaram Noemi: «*Bendito seja Deus, que não te recusou um libertador neste dia. Que o seu nome seja um dia célebre em Israel! Ele te dará a vida e será o sustentáculo da tua velhice, porque a tua nora, aquela que o gerou, é quem te ama e é para ti mais preciosa do que sete filhos!*» (Ru 4, 14-15).

Noemi, tomando o menino, pô-lo no seu regaço e fazia-lhe as vezes de ama. As suas vizinhas deram-lhe nome, dizendo: «Nasceu um filho a Noemi» — é a maneira que o autor usa para dizer-nos que era uma autêntica «avó-coruja». *E chamaram ao menino Obed. Este foi o pai de Isaí e avô de Davi,* o futuro rei de Israel, conclui o relato (Ru 4, 16-17).

O autor sagrado não nos conta como era Noemi. Vê-se claramente que teve sorte com Rute e também com Orfa, duas noras muito carinhosas. Mas, se nos dermos ao trabalho de ler com cuidado a narrativa, descobriremos nas entrelinhas um claro retrato das virtudes que devem adornar a sogra ideal.

Noemi faz-se querer pela sua maneira de ser afável, desprendida de si. Deixa as noras em completa liberdade quando toma uma decisão que repercutirá no futuro delas, sem levar em consideração as suas próprias necessidades e problemas, que não eram pequenos: a solidão, a velhice e o desamparo. Não exerce sobre elas nenhum tipo de pressão afetiva ou «chantagem emocional», não se queixa quando Orfa decide voltar para os seus pais, e também não rumina os muitos motivos que teriam para se apiedarem dela: a viuvez, os filhos que haviam morrido na plenitude da idade, os dez anos de exílio imposto pelas circunstâncias...

Ao mesmo tempo, ocupa-se das noras com amor de mãe. Preocupa-a sobretudo o destino de Rute, que por ela tinha sacrificado tudo: *«Minha filha, é preciso que eu te assegure uma existência tranquila, para que sejas feliz»* (Ru 3, 1), diz-lhe, ao mesmo tempo que a aconselha sobre a melhor «estratégia» para conquistar o coração de Booz, conforme os usos e costumes do tempo. Não fora à toa que esse carinho verdadeiramente materno tinha levado a moabita à conversão: *«O teu povo é o meu povo, e o teu Deus, o meu Deus»*.

Assim foi abençoada a fidelidade mútua daquelas boas sogra e nora. Muitos anos mais tarde, o Evangelista São Mateus deixará escrito, ao enumerar as gerações das quais procede Jesus Cristo: *Booz gerou Obed, de Rute* (Mt I, 5), para que ficasse consignado para todo o sempre o nome da estrangeira que sacrificou a sua pátria e o seu lar por amor da sua sogra.

O fulcro da questão

Quase todas as dificuldades que se apresentam ao longo da vida das pessoas se resolvem favoravelmente com uma mesma receita: o amor. Quando os problemas são de convivência, o amor começa por ser o remédio universal que nos permite viver em harmonia com os nossos semelhantes.

Há muitas formas de afeto e cada uma tem as suas características. O amor de uma criança por seus pais manifesta-se pela obediência e confiança; o dos esposos, por meio da fidelidade e da entrega mútua; o dos amigos, mediante a lealdade e o serviço, e assim por diante. O amor da sogra tem também as suas manifestações próprias, e são tão importantes e tão necessárias que qualquer mulher que aspire a ser uma boa sogra — e isso é uma obrigação do ponto de vista cristão — deve desenvolver a sua capacidade de afeto de acordo com uma série de virtudes fundamentais que farão dela a sogra ideal ou, pelo menos, uma sogra *amável,* isto é, uma pessoa a quem é fácil estimar.

São Paulo diz-nos que o amor é uma espécie de compêndio de todas as virtudes e que, quando amamos, estamos de alguma forma praticando-as todas (cf. 1 Cor 13, 4-7). Ora bem, para que esse amor da sogra pela nora ou genro cresça vigorosamente, deve estar impregnado de uma virtude particular. É curioso que essa virtude tão atraente e tão necessária numa boa sogra consista precisamente em aliviar o peso da bagagem que acumulou ao longo da vida, em desapegar-se do que deve desapegar-se, em tornar-se mais ágil e mais jovem espiritualmente, renovando o seu atrativo pessoal. Trata-se nem mais nem menos que do *desprendimento* cristão, e do desprendimento no seu ponto mais vivo: o *desprendimento dos próprios filhos.*

As meninas costumam ser, já desde pequenas, mais independentes que os meninos, como se tivessem o germe dessa futura capacidade de organização que mais tarde as fará estabelecer com leveza e acerto as normas da convivência familiar. Já os rapazes se deixam guiar com facilidade, principalmente em coisas sobre as quais não têm opinião formada, e cedem diante de argumentos tão simples como «assim é melhor», «isso não lhe convém» etc. Dependem de nós em muito maior medida e, se não nos soubermos desprender deles carinhosa e delicadamente desde cedo, correm o risco de tornar-se *«viciados»*, dependentes por toda a vida.

Há pouco, fui testemunha da seguinte cena. Algumas pessoas preparavam-se para jantar num restaurante *self-service*, e, enquanto enchiam os seus pratos, a mais jovem, um rapaz que ostentava já uma precoce calvície, serviu-se de um belo prato de salada multicor. A senhora que o acompanhava olhou-o surpresa e, com a melhor das intenções — bastava ouvir a entonação das suas palavras —, repreendeu-o: «Mas, filho, como é que você vai comer tudo isso, e depois ainda o segundo prato?» O rapaz ficou pensativo e depois, sorrindo, sem fazer o menor comentário, trocou o seu prato cheio de coloridas vitaminas por um pequeno sortido de petiscos... É provável que, quando esse jovem decida casar-se, a sua mãe venha a sofrer muito, pois então será a esposa do interessado quem lhe regulará a dieta...

A *abdicação* que faltava a essa mãe pode representar um trauma para muitas de nós precisamente no momento crítico da nossa investidura como «mães por afinidade», sobretudo se nos deixarmos arrastar pela insegurança e pela confusão que costumam acompanhar o casamento de um filho. É preciso enfrentar essa perspectiva de olhos bem abertos, sabendo de antemão o sacrifício que será preciso fazer, e exercitar-se já desde muito antes num sadio desprendimento.

Motivações para vivermos essa virtude? Todas!

Em primeiro lugar, o preceito divino que diz: *Deixará o homem o seu pai e a sua mãe e se unirá à sua mulher e serão os dois uma só carne* (Gn 2, 24).

Em segundo lugar, uma verdade que a vida nos demonstra a cada passo: ninguém é de ninguém, o nosso único dono é Deus. Necessariamente, os filhos vão-se embora do lar paterno; as circunstâncias, até as simples questões profissionais, impõem muitas vezes ausências dolorosas; existem os esquecimentos e as desilusões; e também a morte separa temporariamente os que se amam. Tudo isto nos repete continuamente: nós, os seres humanos, não temos domínio absoluto sobre as pessoas que amamos. Peregrinos, administradores, estamos todos inseridos no tempo, que também não nos pertence, enquanto nos dirigimos para a eternidade.

Esta realidade, ao invés de nos deprimir, deve animar-nos a viver o desprendimento cristão: depor os nossos filhos, mediante um sacrifício voluntário e consciente, lá onde eles na verdade já estão — nas mãos de Deus. Oferecer ao Todo-Poderoso um filho no momento em que ele recebe o sacramento do matrimônio, colocar sob a Sua custódia esse ser a quem tanto amamos e com o qual convivemos durante tantos anos inesquecíveis, desprender-nos até dos mais legítimos direitos que sobre ele poderíamos ter, antepondo-lhes o bem dele próprio — tudo isso representa uma entrega valiosíssima que os pais fazem a Deus, e que não deixará de ter a sua recompensa.

Deus prometeu muito aos que deixam alguma coisa por Ele: *o cento por um e depois a vida eterna* (cf. Mt 19, 29). Talvez não haja nenhum campo da nossa vida em que essa promessa divina se cumpra de maneira tão literal como no do casamento dos filhos. Se os entregarmos de verdade ao seu consorte, não só não perderemos um filho, mas ganharemos *mais um:* cem por cento a mais. Isso, sem falar dos netos...

Se soubermos renunciar reta, profunda e sacrificadamente à maternidade da carne, tornar-nos-emos «muito mais mães», porque nos elevaremos à maternidade do espírito, que é muito mais rica e fecunda. Nesse contexto situa-se Maria — e devemo-nos situar também nós, mães, sogras —: a sua grandeza não reside tanto na maternidade física, mas em que soube cumprir a Vontade divina (cf. Mc 3, 35), a ponto de ter renunciado, junto da Cruz, até à vida do seu Filho em prol de nós. Assim, tornou-se Mãe da Igreja, de toda a humanidade redimida. Que fecundidade maravilhosa, e como nos ajuda pensar que o mesmo se dá, de alguma maneira, com cada uma de nós!

É isto o que realmente conta, e o que nos ajuda a viver a maternidade por afinidade: entender que, por cima dos laços e parentescos humanos e sociais, o que une os homens de maneira definitiva — no céu continuará a ser assim — é o fato de sermos todos filhos de um mesmo Pai e, portanto, irmãos de verdade — também da nossa nora ou do nosso genro e dos nossos filhos.

Sim

Ao falar da caridade na primeira Epístola aos Coríntios, São Paulo diz: *A caridade não se ensoberbece* (1 Cor 13, 4). Se a humildade é uma das características próprias do verdadeiro amor, é também um aspecto substancial do afeto que deve impregnar o coração de uma sogra. Só por meio da humildade é que podemos ver as coisas como realmente são — «a humildade é a verdade», dizia Santa Teresa de Ávila —, e olhar-nos a nós mesmos e olhar os outros sem a lente deformadora dos preconceitos, dos complexos, ciúmes, ressentimentos ou invejas. Só ela nos confere essa simplicidade cristã que permite participar de tudo aquilo em que devemos estar presentes sem cair no ridículo de buscar sempre e a todo o custo o papel central.

A humildade é também aquela qualidade do amor que nos leva a descobrir tudo o que há de bom nos outros. «Em qualquer homem — diz São Tomás de Aquino — existe algum aspecto pelo qual os outros podem considerá-lo superior, conforme as palavras do Apóstolo: *Que a humildade vos ensine a considerar os outros superiores a vós mesmos* (Fl 2, 3). Portanto, todos os homens devem honrar-se mutuamente». Decidamo-nos a *procurar e a realçar os aspectos positivos* daqueles que nos rodeiam, agradecendo ao Senhor que tenha enriquecido de tal maneira as suas criaturas que de cada uma delas *sempre* podemos aprender algo bom.

Descobriremos assim que o genro ou a nora nos trazem o ar renovador da juventude, carregado de esperanças e de projetos. Veremos que têm formas diferentes — não necessariamente «erradas» ou «insensatas» — de fazer as coisas. Perceberemos também essas realidades enternecedoras que são a sua inexperiência, a sua necessidade de ajuda e de compreensão, precisamente naquelas atitudes que poderiam parecer-nos mais estridentes, menos aptas a congeniar com os nossos gostos e hábitos familiares ou pessoais.

Levando-nos a apreciar assim os outros, a virtude da humildade favorece as nossas relações com o próximo mais próximo. É ela que fomenta o carinho, que dá firmeza e enriquece a convivência e nos permite querer bem a todos. A todos. Pois — será bom lembrar — a sogra não só terá que estender o seu afeto aos filhos por afinidade, mas também aos familiares desses novos filhos. Como diz o ditado, «quem quer a flor quer também as folhinhas que a acompanham».

Ser humilde significa, além disso, reconhecer que todas as pessoas têm direitos e, entre eles, o *direito à liberdade.* Respeitar a liberdade dos filhos casados é um aspecto importantíssimo — e, reconheço, dificílimo — da nossa missão de pais, e está muito relacionado com o desprendimento. Concretiza-se especialmente em deixá-los viver as suas vidas de casados sem metermos a colher onde não somos chamados, por mais que nos pareça que seríamos de grande ajuda.

É um fato comprovado que, às vezes, o amor-próprio nos leva a prestar ajudas desnecessárias e até contraproducentes. Nesses casos, graças a Deus, quase sempre nos damos conta de que alguma coisa está errada, apesar das nossas boas intenções. É que não se pode violar, nem de leve, a intimidade dos nossos semelhantes, por muito filhos, noras ou genros que sejam. Quer dizer, não devemos intervir em assuntos que não nos competem, ainda que se trate de pessoas com quem temos grande confiança, às quais nos unem estreitos laços familiares e para as quais só desejamos a felicidade.

Um caso real: uma amiga minha sofreu uma série de complicações de saúde por ocasião do nascimento do seu quarto filho e teve de submeter--se a uma operação que impossibilitava uma nova gravidez. Muito entristecida, comentou o acontecido com o filho mais velho, que na ocasião tinha apenas seis anos:

— Que pena, filho! A mamãe queria tanto ter mais uma menina para pôr--lhe o nome de Patrícia... Mas, quando você se casar, poderá dar esse nome à filha que vocês tiverem...

O rapazinho encarou-a com aquela sinceridade infantil que nos desarma totalmente e respondeu-lhe:

— Quando eu me casar e tiver filhos, será a minha mulher quem vai escolher o nome deles...

Um pequeno «cara-de-pau», não é verdade? Mas temos de reconhecer que o desejo da mãe era puro sentimentalismo, ao passo que o nosso pequeno protagonista acertou no cravo. Nós, os pais, devemos tomar cuidado com esse erro frequente, perigoso e sutil, que atenta contra a liberdade dos nossos filhos casados: pensar — e agir em consequência — que continuam a ser crianças, e que a sua principal missão nesta vida consiste em realizar aquelas esperanças que não pudemos realizar por nós mesmos.

Uma das muitas variantes desse erro é pensar que, «coitadinhos, como se vão *virar; se são tão jovens e tudo é tão difícil?»* Pelo contrário, devemos ter a firme convicção de que, com a ajuda de Deus, eles *são perfeitamente capazes* de superar todos os obstáculos do caminho que empreenderam. Embora seja duro dizê-lo, temos de reconhecer uma e outra vez, diante de nós mesmos, que eles não precisam mais de nós. E isso deve dar-nos uma grande alegria, pois significa que cumprimos muito bem a nossa missão.

Por outro lado, uma das coisas mais bonitas que podemos observar quando respeitamos a liberdade dos filhos casados é como marido e mulher vão constituindo pouco a pouco, por si mesmos, apoiados um no outro e ambos na graça do Sacramento sempre abundante e eficaz —, uma unidade forte que traz a marca de algo pessoal, diferente e original. Assim ganhamos também a certeza de que os filhos dos nossos filhos encontrarão um lar firme e unido, e aprenderão com alegria o que é uma família tal como Deus a quer.

Desse modo — respeitando o direito à liberdade dos nossos filhos —, fortalecer-se-á também a unidade da nossa família como um todo. Afinal, o único modo de permanecermos com gosto junto do próximo — e, em primeiro lugar, ao lado dos nossos genros e noras —, sem essas tensões tolas que costumam tornar a vida insuportável, é aceitar que cada qual deve estar no seu lugar, cumprindo a missão que Deus lhe deu. Entender esta coisa tão simples, e vivê-la de verdade no dia a dia, é talvez um dos maiores segredos da sogra ideal.

Por isso, não seria supérfluo que encabeçássemos diariamente a nossa lista de afazeres, na nossa agenda de sogras ocupadíssimas, com um «Sim» com maiúscula: «Sim à humildade! Sim ao modo de ser da nora ou do genro! Sim ao respeito à liberdade!»

Não

Há um ditado que define a sogra ideal de uma maneira um pouco estranha, por assim dizer pela via negativa. «A boa sogra» — afirma o povo — «deve ser cega, surda, muda e... boba». Nós, até por sermos cristãs, sabemos que não deve ser assim, pela simples razão de que Deus nos insta a viver responsavelmente e nos anima *estar vigilantes* sempre (cf. Lc 21, 36).

Essa descrição às avessas da sogra «perfeita» sugere-nos que devemos ser, ou fingir ser, uma mulher apática, que diz «sim» a tudo e a todos para não incomodar ninguém nem complicar a própria vida. Ora, essa concepção não tem nada a ver com o que Deus espera de uma sogra cristã! Pelo contrário, devemos dizer um «não» muito grande à indiferença, ao comodismo fácil da política de «não-intervenção».

No fundo, ninguém gosta de ter uma sogra distante e fria. Certa vez, uma senhora que se dá esplendidamente bem com as suas duas noras comentou-me:

— Quando nos casamos, meu marido e eu tivemos de morar durante anos num lugar distante. Eu escrevia à minha sogra longas cartas, esperando sempre uma resposta pessoal que nunca chegou... A partir daí, fui «recolhendo as velas». Para mim, essa correspondência não significava apenas um papel escrito, mas uma ocasião de estar em contato, pelo menos espiritual, com uma pessoa a quem estava convencida de que devia amar, e que me atraía por ser a mãe daquele a quem eu havia escolhido para compartilhar a minha vida.

Depois de uma breve pausa, acrescentou:

— No entanto, isso que tanto me magooou trouxe-me um grande bem! Se hoje sou uma boa sogra, é a ela que o devo: tenho feito exatamente o contrário do que ela fez comigo, e tudo me tem corrido às mil maravilhas...

Mas, como saber quando intervir sem que isso seja uma intromissão, e quando «deixar passar»?

Procuremos sobretudo que os nossos desvelos, atividades e desejos de servir sejam sempre governados, pela *prudência* e atualizados por meio dessa espécie de «varinha mágica» — fruto do senso comum e da sensibilidade para saber o que está bem e o que está mal — que converte todas as nossas ações em algo tão natural como agradável: o *senso de oportunidade*.

Oferecer uma mão, dar um conselho, ajudar a cuidar das crianças, ensinar como se faz um trabalho manual, tudo isto faz parte das tarefas normais que uma sogra está chamada a realizar. O que não pode é levar-nos a sufocar o próximo. Inspiradas pela melhor das intenções, movidas por um carinho que deseja manifestar-se a todo o custo, nós às vezes abusamos da nossa situação privilegiada, intrometendo-nos em pequenas coisas que parecem não ter importância, adiantando-nos a lançar perguntas, sugestões, lições, conjecturas, avisos etc. E, sem que o queiramos, este modo de proceder acaba por pressionar os outros e pode levá-los a sentir-se esmagados pelo nosso comportamento.

Um exemplo. É o primeiro aniversário do seu filho depois que ele se casou, e você, com toda a naturalidade e sem pensar duas vezes, e, sobretudo, sem consultar a sua nora, prepara o bolo das velinhas, as bandejas com doces e as dos salgadinhos «do jeito que ele gosta». No fim de tarde, «invade» a casa deles com tudo pronto. É verdade: você «fez a festa» para a sua nora, mas... estragou a alegria que ela teria tentando preparar tudo por si mesma. Resultado: abriu-se um precedente que bloqueia as futuras comemorações, e os dois passam a festejar o aniversário dele num restaurante...

O comportamento sufocante quase sempre reside em pequenas coisas que se poderiam corrigir com um leve esforço da nossa parte, em detalhes aparentemente formais e exteriores. Não é um problema de «boa» ou «má vontade», mas apenas de encontrar as ocasiões e os meios mais propícios para fazer as coisas. O que se exige de nós é que *pensemos* diante de Deus se devemos intervir e depois nos perguntemos: «*Onde, quando* e *como* devo fazê-lo?»

Talvez descubramos que não se trata de mexer em muita coisa, mas de cuidar de detalhes aparentemente insignificantes. Podemos chegar à conclusão, por exemplo, de que devemos modificar o modo de introduzir uma conversa séria, ou de que precisamos imprimir uma inflexão mais amena ou mais risonha ao tom da nossa voz, ou usar de um pouco menos de insistência e de um pouco mais de paciência para abordar determinado assunto num momento que talvez não nos convenha tanto, mas em que a outra pessoa esteja de bom humor... Simplesmente imprimindo um matiz diferente à nossa forma de falar e de agir, poderemos obter excelentes resultados, que de outro modo ficariam comprometidos, apesar de toda a nossa boa vontade.

Uma pequena regra prática poderia ser formulada assim: «Não seja demasiado solícita, espere ser solicitada». Foram eles, o filho e a nora, que pediram a sua opinião? Então, limite-se a sugerir o que lhe parecer mais acertado, mas deixe claro que a decisão corre inteiramente por conta deles. Eles não pediram o seu conselho? Então, espere e, se for o caso — quando não é? —, reze. E se reclamarem de que você só intervém quando expressamente solicitada, sorria e pense: «É melhor que sintam a minha falta do que pensem que estou sobrando»...

O senso de oportunidade consiste, pois, em participar sem asfixiar, o que por sua vez depende de *sintonizarmos* bem com os nossos entes queridos. Como é triste ver que duas pessoas que poderiam e deveriam estimar-se muitíssimo não acabam de compreender-se apenas por falta de uma comunicação adequada! Quantas incompreensões mútuas nascem, não de uma «incompatibilidade de caracteres» total, mas de umas inoportunidades mínimas nas atitudes e nas palavras, que se poderiam ter evitado com um pouco de atenção!

— O que você não suporta na sua sogra? — perguntei certa vez a um jovem marido estreante.

— Odeio — respondeu-me — quando ela me diz: «Menino, como você está gordo!»...

Mas também não devemos sentir-nos arrasadas se cometemos (mais uma vez!) uma falta «política» desse estilo. Se tivermos um carinho autêntico, veremos que os outros saberão passar por alto os nossos defeitos, porque conseguirão discernir, debaixo da aspereza da superfície, a boa intenção que nos anima. Certa vez, ouvi uma menina de doze anos comentar à sua melhor amiga, com essa profundidade tão lúcida de que só as almas simples parecem ter o segredo:

— Sabe por que, lá em casa, a gente obedece à mamãe? Não é porque ela tem razão, nem porque é ela quem manda. É porque vemos que ela sofre, que passa muito mal quando tem de nos dar uma *bronca*. Não queremos que ela se preocupe e se aflija só porque nos comportamos mal...

O mesmo descobrirão em nós as nossas noras e os nossos genros... o que não é carta-branca para broncas!

Melhor que as berinjelas

Era uma vez um rapaz, primogênito de uma família de vários irmãos, que gostava muito de berinjelas. A sua mãe preparava-as de diversas formas, e a verdade é que se ia superando progressivamente na elaboração dessa aprazível iguaria. Todos os dias, ao voltar do trabalho, o rapaz chegava a casa e encontrava o seu prato predileto. E não se sabe quem se deliciava mais, se o jovem vegetariano, se aquela mãe que, diante da boa acolhida dispensada ao legume e com uma espécie de secreto orgulho, havia feito da arte de preparar berinjelas um modo de demonstrar o seu carinho e uma autêntica meta profissional.

Em pleno auge de entusiasmo pelas berinjelas, o rapaz casou-se. Um belo dia, convidou a mãe para jantar. A nora serviu como primeiro prato — é claro! — berinjelas. A sogra provou-as:

estavam simplesmente ma-ra-vi-lho--sas. E sentiu então uma grande tristeza, mais ou menos como a que a gente sente quando perde o emprego...

Naquele momento, a pobre mulher pensou que acabava de recuar muitos pontos no *ranking* materno. Mas, como era uma sogra diplomática, soube disfarçar o seu desgosto e elogiar abundantemente as habilidades da nora, sem mostrar o menor ressaibo de despeito. Pouco depois, quando se encontravam na sala, a jovem sentiu-se encorajada a abrir-se com essa senhora tão amável e compreensiva, que tinha gostado tanto das suas berinjelas (quanto não tinha ela suado ao prepará-las, sabendo que seria uma espécie de teste «tudo ou nada» das suas qualidades culinárias!). Em breve, encontravam--se as duas enfrascadas numa conversa sobre os temores e angústias que uma jovem esposa tem de enfrentar.

E a nossa sogra, feliz, ia derramando o seu coração em conselhos e explicações que iam desde os lugares onde se encontravam as melhores pechinchas até o modo de organizar o horário para compaginar um trabalho externo com o cuidado do lar...

Foi assim que essa sogra descobriu que não tinha *perdido,* mas *conquistado* posições. A partir desse momento, devia passar a oferecer a esses filhos outro tipo de alimento, muito melhor do que as berinjelas, e não já passado em ovo e farinha, mas em carinho. Percebeu que, se por força das circunstâncias não podemos mais continuar a exercer certas atividades, há sempre outras em que podemos continuar a servir.

Nada, nem as nossas limitações, nem as dos outros, nada de nada pode impedir-nos de descobrir sempre novas formas de serviço. Há tanto trabalho a fazer, há tantas ajudas de que os outros estão necessitados, que não vale a pena perdermos o tempo lamentando a falta de um ou outro desses pequenos meios de comprazer os nossos familiares a que já nos havíamos acostumado. Uma pequena renúncia pode abrir-nos imensos horizontes aos nossos desejos de bem-fazer, tão ou mais eficazes do que aquilo que já vínhamos praticando.

Uma mãe dá sempre o melhor ao seu filho, e não porque o dizem as campanhas publicitárias em torno do «dia das mães», mas porque é isso o que Deus espera que ela dê aos seus filhos, noras e genros. E esse «melhor» não se resume nem de longe ao cardápio das refeições. Consiste nada mais nada menos do que na dádiva do próprio coração.

A amizade, o carinho *pessoal*, deve ser a base do nosso relacionamento com as noras e genros. Não há nada tão nefasto como «massificar» as pessoas, tentando, por exemplo, enxertar uma nora recém-chegada como se fosse apenas «mais uma» no bloco ou clã familiar. Por muito simpáticos que sejam os membros de uma família, por muito agradável que seja ao genro ou à nora sentirem-se parte dessa comunidade inicialmente estranha que é a família da mulher ou do marido, o que eles precisam urgentemente, como primeira coisa, é serem considerados suficientemente importantes para merecerem uma atenção individual, um tratamento direto e, ao mesmo tempo, cheio de delicadeza.

É preciso, portanto, *personalizar* o nosso relacionamento com todos os componentes da nova família. Explico-me. Ele ou ela devem importar-nos independentemente de serem «o marido da Aninha» ou a «esposa do Carlinhos». Devemos chegar a estimá-los não pelo que representam para nós, mas pelo que realmente são. Devemos chegar a ter uma amizade pessoal, íntima e profunda, com os cônjuges dos nossos filhos. Porque, quando há essa amizade, feita de aceitação e apreço, sempre existem coisas para contar, alegrias para compartilhar, interesses comuns, desejos de aprender uns com os outros e de melhorar o próprio comportamento, discrição e tato, sal e luz...

O mais importante

Se há esse relacionamento pessoal, haverá também um «clima» propício para compartilharmos o que de mais importante trazemos no nosso coração: essa fé cristã vivida a fundo, que é o que de verdade une as pessoas. Não dispararemos contra os filhos, genros e noras umas farpas mais ou menos intempestivas e azedas sobre a «cuca fresca» das «novas gerações» em matéria de moral, nem nos limitaremos a convidá-los de maneira mais ou menos envergonhada a ir conosco à Missa dominical, esboçando um certo muxoxo de tristeza quando pretextam uma bobagem qualquer para se esquivarem. Em vez disso, procuraremos criar a ocasião — por exemplo, ao passarmos um fim de semana juntos — para ter com eles conversas tranquilas sobre o imenso valor e sabedoria da moral conjugal católica, ou sobre a importância da prática religiosa para construir um lar indestrutível.

Veremos que, nesse clima de intimidade, nos confidenciam as suas dúvidas e resistências nessas matérias, atraídos sobretudo pelo nosso prestígio de pessoas mais velhas e experientes. E aí, sim, juntamente com uns conselhos práticos sobre os mais diversos assuntos, poderemos dar-lhes ideias claras sobre a maravilha que é aprofundar na doutrina católica, fazer uma oração pessoal, frequentar os Sacramentos etc.

Por outro lado, prezadas amigas sogras, é claro que só poderemos dar aos outros aquilo que nós mesmas tivermos. Nunca nos insistirão o suficiente na necessidade de adquirir e de aprofundar numa reta *formação cristã,* para que os nossos conselhos em questões de moral e de fé sejam sempre válidos e eficazes. É assustador, por vezes, observar como certas mães e sogras, que foram pessoalmente muito generosas quanto ao número de filhos que se propuseram ter e criar, se esquecem desse passado de sacrifício alegre e se fazem porta-vozes, junto das filhas casadas e das noras, das tolices que ouvem na televisão ou leem em certas revistas femininas, e lhes recomendam «parar no segundo ou terceiro», ou adiar o primeiro para poderem «aproveitar» melhor a vida de recém-casadas, ou usar tal ou qual método anticoncepcional etc. Será que estão arrependidas de ter dado a vida aos filhos que tiveram, e que hoje são o seu maior motivo de orgulho e a sua melhor credencial junto de Deus?

Não, isso não podemos fazer. Só faremos bem aos outros se lhes oferecermos *a verdade com caridade,* como nos recomenda o Apóstolo São Paulo (cf. Ef 4, 15), e não pílulas de egoísmo. Só a *falsa* caridade está brigada com a verdade, que nunca é algo antiquado nem nos torna antiquadas.

Mas «dar uma dura», explicar verdades exigentes, não será com certeza o nosso pão de cada dia, embora situações desse tipo possam apresentar-se com certa frequência. Seja como for, temos de estar preparadas para enfrentá-las, e só o estaremos se formos pessoas *firmes na fé,* imbuídas de um amor *clarividente* que busca o bem último e definitivo de todos os membros da família. E esse nosso amor só terá essas qualidades se estiver alicerçado numa vida de oração pessoal e, com perdão da insistência, numa formação cristã adequada.

Diz-se às vezes que «a esposa santa é a salvação do marido», e penso que bem podemos aplicar isso a nós: quantas vezes a boa sogra não representa aquele instrumento benfazejo com que Deus contava, desde a eternidade, para atrair a Si os nossos genros e noras. Se formos mães e amigas para eles, no pleno sentido dessas palavras, chegará o momento em que os ouviremos dizer-nos, como Rute a Noemi: «*O teu povo é o meu povo, o teu Deus, o meu Deus*»...

Um coração grande

Uma mulher normal sente-se feliz sendo mãe. A maternidade é como que a culminação dessa feminilidade cujo maior privilégio é poder transmitir tão intimamente a vida. Foi certamente por prever que a mulher deveria sentir e dar esse amor tão específico ao longo da história do mundo, que o Todo-Poderoso lhe concedeu um *coração maternal,* especialmente sensível, intuitivo, delicado e forte ao mesmo tempo.

É verdade que nem sempre a sua missão consiste em amar os seus próprios filhos — há mulheres que permanecem solteiras por amor a Deus e casais que não têm descendência —, mas aí está sempre o coração feminino, batendo generoso, disposto a dar-se aos outros. Esse modelo de mulher talvez não coincida exatamente com essa outra imagem feminina que a sociedade, nestes fins do século XX, nos oferece algumas vezes; mas a verdade é que, enquanto o mundo for mundo, haverá *mães,* e portanto mulheres capazes de amar.

Se não fosse assim, como é que Nossa Senhora poderia ter aceitado, no momento mais doloroso da sua existência, o legado que Jesus lhe confiou: *Mulher, eis aí o teu filho* (Jo 19, 26)? É certo que Ela era a Imaculada, mas também era Mulher e, mais propriamente, era Mãe. Ao pé da Cruz, à força de muitas dores, Ela recebeu-nos a todos na pessoa de João, que nos representava, e assim adotou-nos como seus filhos queridíssimos. O seu coração, dilatado pelo amor, introduziu-nos nessa maravilhosa realidade de nos sabermos amados por Ela.

Ora bem, todas nós, mulheres, podemos estar certas de que a Virgem Dolorosa nos alcançou também uma graça especial que nos permite aceitar com amor desinteressado todas as pessoas que, sem serem do nosso próprio sangue, hão de ocupar um lugar especial no nosso coração. Conseguiu-nos, vivendo-a Ela em primeiro lugar, a graça da maternidade espiritual, mais fecunda que a maternidade apenas natural.

Ser uma boa sogra não é difícil se contarmos com a ajuda de Santa Maria e se, de vez em quando, pararmos para pensar em como Ela nos trata a nós, seus filhos. Espontaneamente, surge em nós a palavra de ordem adequada: devemos procurar um *relacionamento de intimidade* com Nossa Senhora.

Cultivamos esse vínculo com Ela por meio da oração, do terço, do *Angelus,* invocando-a nas contrariedades, dirigindo-lhe olhares cheios de carinho ao contemplarmos as suas imagens. A Santíssima Virgem corresponde a essa nossa aproximação constante com a sua bondade maternal, com uma ajuda pessoal feita de sugestões e inspirações, e enchendo-nos da alegre segurança de nos sabermos acompanhados por Ela como filhos pequenos.

Às vezes, quando se entra numa igreja durante um dia de semana, no meio da tarde por exemplo, tem-se nitidamente a impressão de que o que sustenta o mundo são essas velhinhas rezadoras, que lá se encontram ajoelhadas desfiando as contas do terço, meio ocultas na penumbra. Da mesma forma, uma sogra que recorre a Nossa Senhora com confiança, habitualmente, pode ser na verdade o grande pilar em que se apoiam as famílias dos seus filhos, mesmo que eles não se deem conta disso. É verdadeiramente impressionante o que uma sogra «rezadora», apoiada em Nossa Senhora, pode fazer pelos seus.

Santa Maria, Mãe de Deus Filho, Mãe do Amor Formoso, Esposa do

Senhor São José, que vivestes com incomparável afeto e perfeição os laços familiares, rogai por nós, as vossas filhas-sogras, para que aprendamos a ser essas sogras ideais cujo retrato o vosso Esposo, o Espírito Santo, nos traçou.

A NORA IDEAL

Tudo depende do ponto de vista

Certo dia, reuniram-se algumas senhoras para assistir a um debate sobre a sogra ideal. Curiosamente, a maioria das presentes era relativamente jovem. As duas únicas sogras que havia naquela reunião decidiram, animadas pela espontaneidade das outras participantes, que o melhor que tinham a fazer era escutar. Assim, de ouvidos atentos, foram recolhendo a opinião das noras que ali estavam e puderam constatar, uma vez mais, que um mesmo acontecimento oferece diferentes interpretações, todas razoáveis, dependendo do ponto de vista a partir do qual se olhe...

Eis alguns dos «agravos» imputados pelas noras às suas respectivas sogras:

— Não nos telefona nunca...

— Quando aparece lá em casa, nunca faz nada. Já a *minha* mãe, é só chegar que logo começa a passar roupa...

— É uma mulher muito fria, dá a impressão de que não se importa com nada.

— Queixa-se de que não vamos visitá-la, mas *ela* não se dá ao trabalho de vir à nossa casa quando estamos todos reunidos...

Enquanto isso, as duas sogras, encantadas com esse «curso supletivo», escutavam e tentavam rebater as acusações à sua maneira discreta e maternal, em nome de todas as boas sogras do mundo. Mas o mais divertido foi quando uma das noras, com delicada sensibilidade e reflexos saudáveis, se levantou e, lançando uma série de perguntas, rebateu as próprias recriminações:

— Mas... — interpelou-se a si mesma a ex-contestatária, parecendo ao mesmo tempo interpelar as outras — que aconteceria se ela nos telefonasse a toda a hora?... Se chegasse a minha casa e começasse a mexer em tudo?... Se me dissesse que cortinas devo colocar, ou mesmo se limitasse a comentar quais as que *ela* preferiria?... Se aparecesse lá por qualquer bobagenzinha mínima?... Não seria muito pior?

Nesse momento, as duas sogras romperam unissonamente o silêncio:

— É claro que seria! Nunca sabemos se vamos atrapalhar ou não...

Não é verdade, queridas noras (e genros), que muitas vezes são as portas das suas casas que estão demasiado fechadas? Não serão os seus rostos e gestos que não inspiram toda a confiança que deveriam inspirar? Eu fui nora, você é nora: que mulher não tem algum aspecto a melhorar na difícil tarefa de ser uma boa nora?

Moral da história: na convivência, enquanto nos limitarmos a pôr todas as culpas sobre os ombros dos outros, não avançaremos nem um milímetro. Só aprenderemos a ser uma pessoa «ideal» quando começarmos a reconhecer que algo está falhando da nossa parte. Esse costuma ser o momento em que nos damos conta de que estamos demasiado fechadas em nosso casulo.

À medida que os aspirantes a pessoas ideais — neste caso, as noras; mas vai aqui também um recadinho para todos nós — começam a viver a compreensão e a abertura, verifica-se um fenômeno singular. A matemática falha: as quatro operações começam a cambalear e, em breve, chega-se a um ponto em que já não se sabe somar as ofensas, subtrair as ocasiões de manifestar o carinho, dividir o coração — o nosso amor tende a ser um só, por mais diferentes que sejam as formas dos nossos afetos (tantas quantas são as pessoas que passam pela nossa vida). E também se acaba por esquecer, com frequência, a tábua de multiplicar que aumenta os problemas cotidianos, pequenos mas espinhosos, criados pelo egoísmo dos outros... ou pelo nosso.

A armadilha dos preconceitos

Acontece-nos, às vezes, sermos vítimas de preconceitos. Nossos, não dos outros. De modo inconsciente, formamos uma firme opinião preconcebida sobre uma infinidade de coisas que só conhecemos superficialmente. E esses preconceitos passam a atuar com uma espécie de autonomia, impondo-nos a sua tirânica deformação da realidade sempre que entramos em contato com as situações ou os indivíduos que despertaram em nós essa prevenção.

«É impossível simpatizar com Fulano ou Sicrana!» pensamos. Isso acontece porque o nosso subconsciente, diante do receio que suscita em nós tudo o que é desconhecido ou que em princípio nos repele — pode ser a sogra, o sogro, mas também aquele vizinho que só conhecemos de vista, o novo chefe com cara de fígado estragado... —, elabora um quadro mental em que concatena uma série de dados, geralmente falsos ou exagerados, e, com base neles, monta um autêntico «programa de hostilidades».

A partir daí, o nosso antagonismo diante dessas pessoas, por mais discreto que seja, por mais que dissimulemos a pouca simpatia que nos inspiram, não para de nos fazer sofrer e de fazê-las sofrer. (Não há maior dor do que perceber a falta de amor do próximo!) E, com os afetos assim bloqueados, chegamos à conclusão de que é dificílimo simpatizar com determinados indivíduos, ainda que não lhes desejemos mal.

O que mais devemos temer em matéria de preconceitos é que, se não reagimos a tempo, poderá ser extremamente trabalhoso livrar-nos deles. O seguinte exemplo ilustra bem o seu «mecanismo». Trata-se de uma mãe jovem, com três filhos pequenos, e que além disso trabalha como professora. Um dia, as crianças amanhecem com a famosa amigdalite. Angustiada, a professora põe-se a pensar: «Como vou poder sair para o trabalho com estas três crianças doentes?», e, com o termômetro ainda na mão, pega no telefone:

— Mamãe...

— Não se aflija, minha filha... Vou-lhe mandar a minha empregada.

A solução — boa em si mesma — desencadeia um novo problema. «Que bagunça está tudo isto! A empregada vai pensar que sou uma preguiçosa!», pensa a nossa protagonista. Rapidamente, põe um pouco de ordem nos quartos e na sala, recolhe a louça do café da manhã, chama o médico e estica os lençóis das crianças, que não sabem por que a mamãe está tão nervosa quando é tão divertido poderem ficar de cama todas as três ao mesmo tempo.

A mãe, por fim, sai para o trabalho, mas volta mais cedo para trocar umas palavras com a empregada, que parece olhá-la com certo ar de superioridade. À vista do panorama — as crianças continuam «baleadas», e ainda há tanta coisa por arrumar —, a atribulada professora não tem escolha senão pedir à moça que retorne no dia seguinte para mais uma vez «dar-lhe uma mão». E, no dia seguinte, a mesma coisa. Lá por dentro, a jovem mãe não vê a hora de que aquilo termine, não só pela saúde das crianças: cada vez tem mais consciência da sua incapacidade de ter as coisas arrumadas como gostaria e sente mais tristeza diante do que a empregada deve estar pensando dela...

Por sorte, a sua mãe conta-lhe ao telefone o que a moça lhe comentou: que, se pudesse escolher onde trabalhar, preferiria continuar a ajudar «a professorinha, porque é a que mais precisa de ajuda». Como por encanto, os preconceitos da angustiada senhora desvanecem-se ao comprovar que tinha despertado a simpatia da empregada. Enfim descomplexada, pensa com uma ponta de inveja: «Ah, se essa boa moça pudesse continuar a vir sempre!»...

Quando se é jovem, costuma-se demorar muito até entender o mecanismo dos preconceitos, e sobretudo a perceber que somos vítimas deles. Os jovens gostam da franqueza, embora nem sempre consigam ser tão sinceros como parecem ou gostariam de ser. Pensar mal de outra pessoa, e ao mesmo tempo justificar a nossa conduta fria e distante para com ela como se fosse a atitude mais normal do mundo ou até a única possível, equivale a disfarçar os esquemas montados pelo nosso amor-próprio e pelo nosso egoísmo.

Para nos desvencilharmos desse defeito, é muito importante examinar se a imagem negativa que formamos dos outros não será, em grande medida, mero fruto da nossa imaginação. Para isso, o melhor modo será «quebrar o gelo» e procurar entabular uma conversa, entrar em contato com a pessoa que nos inspira receio ou desconfiança, esforçando-nos por entender a sua maneira de ser, por penetrar no seu mundo interior. Quantas vezes esse esforço de compreensão não desfaz equívocos precipitados e nos enche o coração de paz!

Sogros ideais vs. Sogros reais

Ora bem, este tema é essencial quando se trata de adaptar-se ao gênio da sogra e do sogro, bem como ao dos cunhados, cunhadas e demais parentes por afinidade. A nora recém-chegada começa a relacionar-se estreitamente com essas pessoas num momento em que têm já personalidades muito vincadas, e é natural que tanto ela como eles sofram um certo constrangimento diante de umas relações que quase nunca foram procuradas ou especificamente desejadas por nenhuma das partes. É possível, além disso, que a primeira reação da nova comunidade familiar não seja de uma perfeita aceitação e assimilação do papel que cabe à nora nessa complexa estrutura que é uma «família ampliada».

Tudo isso dá origem, com frequência, a reações «na defensiva» diante dos sogros. Como combatê-las?

Para começar, prezada nora, você poderia procurar pôr em prática uma norma basilar: *não criticar os sogros nem mesmo interiormente,* e sobretudo *não estabelecer comparações de nenhum tipo* («A minha sogra... Já a minha mãe....»; «Papai é bem diferente do meu sogro...»; «Lá em casa, a gente fazia assim e assado...»). Quase todos os problemas nascem de comparar os sogros que se têm com os «sogros com que se sonhava», mas que nunca existiram na vida real.

Na verdade penso que, neste aspecto, todos nós, jovens e velhos, ou pelo menos quase todos, temos bastantes *«meas-culpas»* a entoar! É preciso que deixemos de sonhos, utopias e oxalás e, com humildade, nos decidamos a valorizar os outros — o sogro, a sogra, as cunhadas(os) — *tal como são.*

Aliás, diga-se de passagem, é preciso reconhecer que, em matéria de comparações, os principais culpados costumam ser os homens, não as mulheres. Uma fonte mais ou menos permanente de desentendimentos, irritações e brigas em muitos casamentos é a tendência do marido a comparar a esposa com a sua própria mãe, exigindo que ela faça tudo do mesmo modo que se fazia na casa materna. Quer que a esposa eduque os filhos tal como ele foi educado, que se sigam os mesmos horários que se viviam na casa da sua mãe etc. E se ela não consegue atingir o mesmo «nível» ou «padrão», torna-se alvo de ironias e pequenos desprezos humilhantes.

Como é evidente, este tipo de situações pode amargar consideravelmente não só a própria vida familiar, mas também as relações com os sogros. Mas, na maioria das vezes, a sogra é, quando muito, apenas *indiretamente* responsável por essas atitudes do filho.

Em vez de jogar todas as culpas sobre ela, você deveria deixar bem claro ao seu marido — se possível, desde antes do casamento — que você não é a mãe dele, não tem por que imitá-la em tudo, e tem direito ao seu modo de ser. Diga-lhe essas coisas com firmeza, mas também com essa suavidade que é a nossa marca registrada... quando queremos! Depois, ceda um pouco aqui e ali, sempre que seja razoável fazê-lo. Dê-lhe algum tempo para acostumar-se àquilo que, para ele, é novidade. Resolva todos os desentendimentos concretos conversando com ele serenamente, e esteja sempre disposta a mudar de opinião se a razão estiver do lado dele. Com um pouco de paciência, um pouco de jogo de cintura e outro pouco de oração, tudo acabará por entrar nos eixos.

Voltando aos sogros, poderíamos resumir o que dizíamos acima numa simples palavrinha: a nora deve *respeitá-los*. Se não o faz, se só vê neles a parte negativa que toda a relação entre diferentes gerações pode suscitar, não está vivendo o respeito, por mais educada que seja. É curioso que essa palavra, «respeito», venha do latim *respicere,* que quer dizer *olhar.* Para começar, portanto, a aspirante a nora ideal deverá fazer o esforço humilde de *olhar os seus sogros sempre com bons olhos.* Esta é a primeira condição do amor.

Um aspecto muito importante desse respeito que se deve ter para com os sogros consiste em saber *tolerar* os seus defeitos. A sua sogra é um tanto impertinente e afetada? O seu sogro repete sempre as mesmas piadas, sem se importar de que você já as tenha ouvido mil vezes, rindo-se depois daquele seu jeito espalhafatoso? Pois então, é preciso que você aprenda a querer-lhes bem *com esses defeitos:* afinal, são os pais do seu marido, da pessoa a quem você ama acima de tudo.

É muito importante saber não dar importância a essas ninharias, não reagir de maneira negativa a elas. E, sobretudo, não pretender de forma alguma corrigi-los, mudar-lhes o modo de ser, pois você é a pessoa menos indicada do mundo para fazê-lo. Evite tudo o que possa significar uma crítica direta, uma alusão irônica ou qualquer tipo de reprovação, que são sempre contraproducentes. Também não se lamente nunca deles diante do seu marido, o que poderia levá-lo a tomar o partido deles contra você mesma. E também não se proponha reformar-lhes o caráter por meio de conversas «sérias», ao estilo de certas noras zelosas cheias de santo entusiasmo e... maus modos.

Diante das falhas, muitas vezes evidentes na formação humana dos sogros (e dos pais), a *humildade* deve levar-nos a pensar que também nós temos os nossos defeitos, por sinal igualmente evidentes. Depois, deve fazer-nos compreender que não nos compete assumir o papel de educadoras de gente que tem muito mais experiência de vida do que nós. Mais para a frente — daqui a alguns anos! —, quando houver uma firme base de confiança mútua, talvez possamos deslizar-lhes uma palavra oportuna ao ouvido, em retribuição pelos muitos conselhos maravilhosos que nos deram. Mas, nos primeiros anos, não!

Por fim, também faz parte da humildade uma certa dose de *autoestima*. Muitas vezes, antipatizamos com as pessoas porque nos parece que têm de nós ou do nosso modo de agir uma opinião, se não ruim, ao menos reticente e reservada, e nesse caso podemos sentir-nos muito incomodados. Essa atitude preconceituosa, como dizíamos antes, pode levar a extremos preocupantes na relação nora-sogra. No caso de as duas mulheres se deixarem levar pela imaginação ou pelo sentimentalismo, é possível que cheguem a tirar conclusões tão horrendas como absurdas: «Ela acha tudo o que eu faço errado... Nunca me acerto com ela... Sempre está imaginando coisas... Não tira o olho de mim...»

É preciso pensar, nessas horas, que, se procuramos fazer as coisas o melhor possível, a opinião do próximo a nosso respeito é algo para se ter em conta, mas sempre como um valor relativo. Bem diz o livro *A imitação de Cristo:* «Não és melhor porque te louvam nem pior porque te injuriam». O importante é que façamos o possível para ir pelo bom caminho. Dessa forma, as nossas teias de aranha mentais — tantas suspeitas que nos tiram a tranquilidade! — desaparecem, e não só nos convertemos em pessoas mais amáveis, como crescemos em segurança e simplicidade.

O que ela deve saber

Portanto, toda a aspirante a nora (e a genro) ideal deveria saber:

* que os sogros lhe *querem bem* (ainda que nem sempre saibam manifestá-lo);

* que, apesar das aparências em contrário — por exemplo, por gozarem de um certo *status* social e econômico, ou pela experiência própria dos anos —, *se sentem em inferioridade de condições* (pela idade, pelos achaques, pela separação dos seus filhos etc.);

* que *desejam ardentemente um bom entendimento com os filhos casados e os respectivos cônjuges,* embora nem sempre acertem com os meios adequados para consegui-lo;

* que *são pessoas como todo mundo: algumas* vezes, têm uma simpatia natural, derivada do temperamento; outras...

* que *a nora é para eles a pessoa mais importante,* como depositária e fiadora do carinho, do entusiasmo, dos projetos e bens do filho que acaba de «abandoná-los»... por mandato divino. De uma maneira inconsciente, os sogros desejam encontrar no coração dessa jovem o retrato do seu filho emoldurado em ouro;

* que *sentem necessidade do afeto da nora;*

* que esperam *manter com ela uma relação ordenada do ponto de vista afetivo, doméstico e individual.* «Cada qual na sua casa, e Deus na de todos», diz o ditado. Mas, atenção, noras de todos os tempos: este prudente conselho não deve ser uma desculpa vulgar para manter os sogros afastados do âmbito do carinho de vocês e dos filhos e netos. Porque, na verdade, o ambiente familiar — também o da sua família, prezada nora — é o lugar que lhes corresponde na vida.

Tudo isto é difícil, sem dúvida. Mas menos do que parece se a aspirante a nora ideal tiver presente que, pelo sacramento do matrimônio, tem por assim dizer direito a uma graça especial do Espírito Santo, que a ajudará a cumprir a sua missão de *«filha bis»*. Assim chegará a amar os sogros de forma incondicional, estimando-os com o pensamento, com as palavras, com as obras e... com entusiasmo.

Um corolário do quarto mandamento

Há um momento na vida de todos nós, uma vez que todos somos filhos, em que nos convém meditar de novo, sob o prisma da nossa situação de pessoas maiores de idade, na questão do quarto mandamento da Lei de Deus: *Honrar pai e mãe.*

O amor, que é a forma suprema de honrar os pais, deveria evoluir para melhor com os anos, à medida que se amadurece. Mas pode acontecer que, à medida que o tempo passa e as pessoas se vão tornando adultas, o carinho filial sofra uma involução, um retrocesso. Os pais — e, por extensão, os avós, sogros e sogras — deixam de ter para os filhos toda a importância que têm na realidade, por lei natural e por preceito divino!

Nessa situação, o quarto mandamento há de parecer-lhes, certamente, uma carga, algo antiquado, desprovido de sentido. E é fácil que assumam então posicionamentos egoístas, que procurarão justificar: «"Os velhos" já viveram a sua vida, ao passo que nós, os jovens, ainda temos tudo pela frente».

Ora, dependendo da intenção com que se pronuncie, essa frase soa a mera desculpa; é como se os que ainda estão na flor da idade dissessem aos mais velhos: «Não nos atrapalhem, que temos de abrir caminho por nós mesmos. Temos o direito de viver a nossa vida sem interferências. Deixem-nos em paz».

Alguns jovens — sobretudo hoje, à medida que se estende o «culto à juventude», a «síndrome do casalzinho» e o número de filhos únicos —, cresceram com um exagerado sentido da sua importância. O «eu sou eu» é a frase típica que exprime esse sentimento de autoafirmação, que no entanto tende sempre a esquecer a outra face dessa mesma moeda: se «eu sou eu», o «outro é outro», é alguém como eu, e merece toda a minha atenção e respeito.

Dessa forma, quando jovens, corremos o perigo — próximo e grave! — de cometer injustiças lamentáveis contra os mais velhos. Porque, a bem da verdade, quando se é jovem, quem é que valoriza essa realidade tão simples de que foi graças a esses «mais velhos» que chegamos sãos e inteiros ao «planeta mundo» e aqui estamos, felizes da vida? Quem mede a infinita importância da educação que recebeu dos pais e do ambiente familiar onde pôde crescer e amadurecer? Que tal se fizéssemos, na ponta do lápis, o cálculo de quanto gastaram os nossos pais proporcionando-nos casa, comida, roupa lavada e escola durante vinte e tantos anos? Será que custa tanto assim pensar quão «agradável» terá sido para eles trocar e lavar as nossas fraldas, dar-nos banho, esquentar a cabeça com as nossas indisposições, suportar as nossas tolices e grosserias?

Está na hora de deixar os velhos encostados no seu canto? Por favor! Ponhamo-nos em nosso lugar! Se ainda não construímos nem um décimo do que eles construíram — apesar de todas as falhas que possam ter tido, uma vez que não são anjos, mas seres humanos!

(Nota específica para as noras, nesta matéria: com frequência, algumas de vocês reparam quase exclusivamente nos defeitos que o marido traz para o matrimónio, e os atribuem à família da qual procede, isto é, aos sogros. «É que não lhe ensinaram isto e aquilo... É que não o deixaram aprender a administrar o dinheiro...» E esquecem que é a eles que devem, igualmente, as maravilhosas qualidades que as atraíram no seu marido durante o tempo de namoro...)

A regra, porém, não é um esfriamento nas relações entre pais e filhos adultos. Como o amor devido aos pais é um *dever natural,* tende por si só a crescer. É só manter os olhos bem abertos para reconhecer tudo o que lhes é devido, que é simplesmente... tudo. Daí nasce uma *gratidão permanente,* que é a base de todo o afeto filial, e que consiste em respeito, veneração e carinho. Isto, por sinal, é o que a Sagrada Escritura resume na palavra «honrar», e que não se restringe ao período em que se depende dos pais.

E como, além de uma simples realidade natural, esse amor é uma *exigência divina,* conta com toda a força criativa de um Deus que nos manda *ser perfeitos como o nosso Pai celestial é perfeito* (cf. Mt 5, 48). Basta que um homem ou mulher tente de verdade cumprir um pouco melhor os seus deveres filiais para que receba do alto, junto com a bênção do Todo-Poderoso, as graças necessárias para ser um bom filho ou filha.

Ora bem, a nora ideal deve começar por compenetrar-se a fundo e urgentemente de que o quarto mandamento da Lei de Deus lhe oferece uma vertente nova, que se aplica inteiramente aos seus sogros: afinal, pelo sacramento do matrimônio tornou-se «filha por afinidade» dos pais do marido. Amar e honrar os pais do marido é parte integrante desse mandamento.

O melhor seria que esse amor surgisse de forma natural, sem exigir um vencimento custoso; em nenhum momento deveria ser uma carga. Mas se o carinho pelos sogros não consegue brotar espontaneamente, também não é caso para preocupar-se: significa apenas que, no dia do casamento, principia um itinerário cotidiano de esforço, luta e sacrifício. E esse esforço sempre obtém êxito, porque sempre acabamos por amar as pessoas pelas quais nos interessamos e nos sacrificamos.

Nesse carinho mais ou menos difícil, todos nós encontramos uma fonte inesgotável de enriquecimento pessoal. Uma mãe não ama mais o filho que mais lhe custou? Não vê dilatado o seu coração? As dificuldades que passamos nos tempos de namoro e de noivado não são hoje o penhor de uma alegria mais funda quando olhamos para trás com a consciência de tê-las superado? Assim acontece com todas as dificuldades: começam amargas, mas, superadas, tornam-se doces.

E vale a pena pensar que a boa nora se faz também credora das promessas que Deus associa ao cumprimento do quarto mandamento da sua Lei. No livro do Eclesiástico (3, 1-17), podemos ler todo um tratado da piedade filial, que se aplica perfeitamente às noras:

Quem honra o seu pai expia os próprios pecados,
quem exalta a sua mãe é como quem acumula
um tesouro.
Quem honra o seu pai se alegrará em seus filhos,
e será atendido quando rezar [...].
Honra o teu pai nos atos, nas palavras e na
paciência,

a fim de que a sua bênção desça sobre ti.
Porque a bênção paterna fortalece as casas dos
filhos [...].
Filho, ampara o teu pai na velhice,
não lhe causes desgosto durante a vida.
Se o seu espírito se enfraquecer, sê indulgente,
e não o desprezes na plenitude da tua força.
Uma caridade feita ao pai não será esquecida,
e para os teus pecados te valerá reparação.
Se tiveres suportado os defeitos da tua mãe,
não deixarás de receber a recompensa.
A tua casa prosperará na justiça,
e no dia da tua aflição o Senhor se lembrará
de ti;
os teus pecados se desfarão como o gelo ao sol...

Na prática: os cinco «As»

Mas de nada nos adianta saber a teoria, se os conhecimentos e boas intenções não se cristalizam em propósitos claros e firmes. Deve-se praticar o bem, e já. Em que consiste então, do ponto de vista prático, o amor da nora pelos sogros? Vejamos algumas regras de ouro que, de certa forma, o resumem:

* *Aceitar a ajuda dos sogros,* pedir-lhes que «deem uma mão» cuidando dos filhos, nas compras, na escolha de um bom lugar para passar os fins de semana etc... Ou seja, deixar-se ajudar por eles. Os sogros, avós ou não, sentem-se muito honrados de que as noras e genros precisem deles... até onde for razoável precisar.

* *Acompanhá-los,* fazer-lhes companhia. Quando a nora está com os sogros, eles devem *sentir* a sua companhia. Não dá na mesma estar de qualquer maneira, por simples obrigação, pensando em outra coisa, desejando ir-se embora, assistindo à televisão ou ocupando-se em alguma tarefa na cozinha, e *estar* de verdade, centrando todo o afeto e atenção neles. Pode-se estar com os sogros durante várias horas no fim de semana, ou apenas uns breves minutos em que se passa pela casa deles para cumprimentá-los... Tanto faz. O essencial não é o tempo, é demonstrar que se tem afeto por eles.

Fazer companhia é uma bela maneira de conviver e de alegrar a solidão dos pais e dos sogros. Não esqueçamos que a palavra companhia (do latim *cum* e *panis*) significa compartilhar o pão. Haverá algo mais íntimo e expressivo para manifestar a afeição que nos une àqueles que necessitam de nós?

* *Aconselhar-se com os sogros,* pedir-lhes conselho com frequência sobre os mais diversos assuntos, mesmo que em princípio se saiba muito bem o que fazer; afinal, ninguém é obrigado a pôr em prática sempre o que lhe recomendam. Por outro lado, porém, quantas vezes não se descobrem «dicas» de grande valia e utilidade prática onde nem sequer se suspeitava que elas podiam ser encontradas! Portanto, quanto mais conselhos — e poucos haverá tão desinteressados como os dos sogros —, melhor.

* *Ajudá-los*. No relacionamento com os sogros, deve-se evitar procurá-los principalmente por motivos utilitários. A melhor maneira de sanar essa tendência, tão em voga hoje em dia pela insegurança que caracteriza os casais jovens, é «virar o jogo». Explico-me. Por que não poderia a nora perguntar de vez em quando à sua sogra: «Em que posso ajudá-la?» E não se trata, obviamente, de mera fórmula de cortesia: é, antes, uma atitude de serviço. Porque deve estar disposta a meter ombros, se essa pergunta receber resposta...

Nota especial destinada às sogras: a nós, os «jovens velhos» — que formamos na atualidade a ingente multidão de avós e sogros animados por uma grande vontade de viver e de continuar na linha de frente —, talvez nos repugne especialmente a perspectiva de deixar-nos ajudar pelos nossos filhos e seus cônjuges, porque «nos sentiríamos inúteis». De certa forma, toda a nossa vida transcorreu com a preocupação de servir os outros, e agora... Mas devemos fazê-lo, mesmo que seja apenas para dar ocasião aos nossos filhos por natureza ou afins de demonstrarem o seu carinho...

* *Autonomia.* Um jovem casal deve estar empenhado em construir o seu próprio lar, ou seja, em buscar quanto antes a autonomia. Aceitar a ajuda dos sogros, acabamos de vê-lo, é uma forma de caridade, mas nada tem que ver com *depender deles* por tempo indeterminado, sobretudo em matéria econômica. Um casal jovem tem de buscar a sua autonomia em todos os âmbitos, e quanto antes.

Hoje, são cada vez mais comuns os casos em que os sogros de um ou de ambos os lados têm de ir em socorro dos recém-casados, primeiro para pagarem o apartamento ou a casa, depois para não se atrasarem com as prestações do carro, depois para montarem um negócio próprio... E chega-se a uma situação em que esses «filhinhos de papai» acham simplesmente «natural» que «os velhos» deixem de sair de férias ou adiem uns consertos na casa para acudir aos seus gastos.

Li em algum lugar que «a boa sogra deve ter a boca fechada e a bolsa aberta». Penso que este é um dos casos em que a sabedoria popular se equivoca. É evidente que pode haver situações inesperadas em que seja necessária uma ajuda «extra», mas isso não pode tornar-se um incentivo habitual, digamo-lo com todas as letras, para a indolência, a imprevidência ou a ambição dos jovens. Do ponto de vista dos sogros, é preciso que vençam a timidez e aprendam a dizer «não», ou «basta», de maneira amável, porém decidida; mas a iniciativa deveria partir — sejamos honestos — da jovem geração, tão ciosa de moldar a própria vida.

O que digo da ajuda econômica aplica-se igualmente a todos os outros «subsídios» que se solicitam aos sogros: transformar-lhes a casa em «pensão», enquanto ainda não se tem moradia própria; ou em «berçário», deixando habitualmente o filho pequeno com eles nos fins de tarde ou fins de semana, só para se poder «curtir» com tranquilidade o curso de cerâmica ou o cineminha; ou ainda em «restaurante» («Mamãe, vim jantar aqui hoje porque a Laurinha resolveu fazer compras com as amigas e só volta tarde», ou, pior ainda: «A gente veio jantar hoje porque a Patrícia aqui não estava com vontade de cozinhar hoje») etc.

Prezadas candidatas a noras ideais: este é um ponto que eu desejaria que todas tivessem muito presente. Amar é o contrário de ser um fardo!

Na prática: três pontos estratégicos

Depois desses cinco «*As*» básicos — aceitar ajuda, acompanhar, aconselhar-se, ajudar e buscar a autonomia —, passemos ao que poderíamos chamar «os três pontos estratégicos», que podem ajudar-nos a projetar uma luz muito especial sobre as relações da nora com a família do marido.

* *Retroceder no tempo*. Em algum momento — quando, por exemplo, lhe custar cumprir o papel de verdadeira «filha por afinidade» —, a nora ideal deve entrar no túnel do tempo e retroceder uns vinte ou trinta anos. Graças à capacidade que tem a imaginação de ultrapassar barreiras, entra na intimidade de uma família. Vê uma mãe e um pai que cuidam dos seus pequenos; entre eles, o seu futuro marido. De quantos desvelos necessita para crescer e fazer-se homem!

Aí está o menininho no colo materno, como se fosse a primeira maravilha do mundo. E o garotinho, seu futuro marido, retribui o mesmo carinho aos seus pais. No fundo, é tudo tão parecido com o presente do seu próprio lar, da sua própria vida de esposa e mãe, que se torna duplamente comovente. «Como é possível — pergunta-se a jovem nora — que algum dia essa intimidade tão afetuosa venha a ser perturbada por um terceiro? Não, não posso representar agora o papel de intrusa, e é o que faria se me deixasse tomar pelo sopro da má vontade ou da indiferença».

* *Avançar no tempo.* Convém ainda que, de vez em quando, a nossa nora faça o percurso inverso e avance uns vinte ou trinta anos para o futuro.

Recorrendo outra vez à imaginação, encontrar-se-á a si mesma e à sua família numa situação semelhante à atual. A história repete-se! Os seus filhos estão crescidos. Ela e o marido, bastante «madurões», com um passado repleto de glórias e deveres cumpridos, mas também mais cansados, lá com os seus achaques, menos flexíveis mentalmente, mais desconfiados de tudo o que é novo e diferente... E chega a futura esposa do seu filho...

Que resta à nossa nora, uma vez passada a euforia da juventude? O que lhe resta é, em grande medida, aquilo que as novas gerações lhe quiserem dar: compreensão, apoio, um lugar digno para continuar a prestar um serviço à sociedade apesar das suas rugas. Tendo isso em conta, a nossa protagonista pensará: «Como gostaria de que os meus filhos e as minhas noras fossem bons conosco!»... Pois bem, é isso o que os pais do seu marido esperam dela hoje.

* *Sobrevoar*. Os sogros têm defeitos, bastante palpáveis na maioria das vezes. As noras, ao que parece, também. Pode acontecer que, vez por outra, sem se darem conta, os sogros tenham uma maneira de agir um tanto desagradável, e pior ainda se já descobriram o «calo» da sua nora. Nessas horas, ela tem de efetuar uma decolagem vertical digna de um *Harrier*, pondo nela toda a força da sua boa vontade, e colocar-se acima de qualquer eventualidade que possa afetar a convivência pacífica. Ou seja, não entrar na briga de forma alguma, não dar importância às pequenas alfinetadas ou insinuações, por menos razoáveis que sejam, e que poderiam deitar tudo a perder se reagisse a elas.

Lá «do alto», sobrevoando o egoísmo e a irritação momentânea que já começavam a erguer a cabeça, vê como são realmente mesquinhas essas coisas tão terrenas, os aborrecimentos, os ciúmes, as invejas... Especialmente se as comparar com os imensos horizontes do verdadeiro amor, do perdão generoso, da paz de espírito, que estão inteiramente ao seu alcance. Dependem só dela.

Querida filha...

«Esta carta é a que qualquer sogra poderia dirigir à sua nora, se tivesse coragem suficiente para escancarar o coração... Não lhe vou contar nada de novo, mas que importa? Também não são notícia as trivialidades que nós, as mulheres, costumamos contar umas às outras: "Como estão as crianças? Como vão as coisas por aí? Que vai fazer hoje? Posso ajudá-la?... etc." E, no entanto, são o suporte natural dessa convivência cheia de pormenores de carinho, própria das pessoas que se apreciam.

«Comecei estas linhas tratando-a por filha, um nome que talvez não lhe devesse dar. Seria uma bobagem chamar-lhe filha, pela simples razão de que "mãe, há uma só". No fundo, porém, como a maternidade tem diversas formas, posso, sim, chamar-lhe "filha", já que na verdade você é uma filha para mim.

«A sua chegada à nossa família significou uma confirmação das possibilidades que o carinho nos oferece. Porque o verdadeiro afeto é como uma janela aberta, através da qual se renova a atmosfera da nossa vida e se enche de luz a cotidianidade que nos traz presos ao dia a dia: a casa, os filhos, o trabalho, o escritório, o descanso e a diversão. Que seria de tudo isso se não estivesse iluminado pela luz do amor, se não se oxigenasse com a pura novidade do apreço e da estima que deve unir as pessoas?

«Que seria de você, de mim e de toda a humanidade se, no fundo da nossa existência, não ardesse a chama da convivência e da dedicação? Se você chegasse à sua casa de esposa e não houvesse crianças ou, pelo menos, a esperança de converter em realidade, quanto antes, esse projeto de que o amor transborde? Que seriam para nós, mulheres casadas, essas quatro paredes do lar sem a presença de um marido por quem esperar, de quem cuidar, de quem queixar-se quando deixa as luzes acesas ou livros e papéis espalhados pela casa? A que ficaria reduzida a família se, em lugar do afeto, reinasse nela o egoísmo?; se o bebê que chora no berço não soubesse que a mãe virá logo, movida por essa misteriosa mola que funciona sempre e a todas as horas?; se os filhos que chegam do colégio não encontrassem a mamãe sorridente, com a comida preparada e todo o seu tempo livre para eles? Que seria de nós sem esses amigos com os quais compartilhamos parte da nossa intimidade, com quem saímos para tomar alguma coisa, para jogar um *squash* ou para ter uma conversa sobre temas importantes que nos ajudam a melhorar? Que seria, enfim, de qualquer marido ou esposa que vagueasse como um sonâmbulo pela tensa e escura incerteza da incompreensão conjugal?

«Além de recebermos o sol e o ar puro do carinho autêntico através da simbólica janela do amor, é claro que também damos do nosso carinho. A começar pelo olhar — é a primeira coisa que fazemos ao abeirar-nos da janela: olhar! Um olhar que, como espelho da alma, deve ser a promessa de tudo o que estamos dispostos a dar.

«Mas, por falar em noras, permita-me contar-lhe que, certa vez, narrei a história de Rute a uma amiga; a sua filha era recém-casada, e tinha problemas com a sogra. Poucos dias depois, tornei a encontrá-la e, consciente de que a Palavra de Deus tem força própria e faz milagres quando não bloqueamos a sua ação, perguntei-lhe como estava a filha. A senhora começou a rir com um ar triste.

— «Falei-lhe da história de Rute e disse-lhe que até se pode chegar a gostar da sogra — comentou-me.

— «E o que foi que a sua filha respondeu? — aventurei-me a perguntar...

— «Que quem pensa isso deve ter batido a cabeça quando era criança...

«O caso é verídico. O que não parece tão certo é que seja tão inevitável assim "rotular" as pessoas. O correto seria, numa tentativa solidária, situar mentalmente determinados indivíduos fora do seu contexto. Explico-me. Não os ver unicamente através do papel que representam na família ou na sociedade, não julgá-los pelas suas circunstâncias atuais. Nessa longa lista de pessoas que poderíamos isolar do emaranhado das suas respectivas vidas, figurariam: as sogras difíceis, os colegas com quem não nos damos bem, alguns doentes excessivamente exigentes, idosos com problemas de comportamento, os chefes coléricos... Contemplar essas pessoas como pessoas é começar a compreender que todos precisamos de um pouco mais de amor. Às vezes, esse amor será simplesmente rezar pela pessoa necessitada. Outras... Mas por que lhe vou repetir tudo isto? Nós, as mulheres, avançamos constantemente no amor, a partir da nossa própria família.

«Rute era uma boa nora que tinha, além de uma excelente sogra chamada Noemi, um coeficiente de luz interior que lhe permitia compreender por que não se devem desprezar os vínculos impostos pelas circunstâncias. Existem para nos enriquecer!

«Querida nora ideal, tenho que terminar estas linhas. Obrigada por tudo. Conte comigo. Mas, por favor, continue a ajudar-nos. Porque a sua juventude e até a sua inexperiência, a força do seu entusiasmo e a sua dedicação à fascinante e árdua tarefa de construir uma família, tudo isso é sempre um exemplo para nós, um livro aberto que nos conta a história do mundo. Uma história de amor para crianças de todas as idades, que enternece acima de tudo o coração dos avós.

«A sua incondicional...»

EPÍLOGO

Se nós, as sogras, e vocês, as noras, nos empenharmos um pouco mais, a sociedade mudará ao menos num aspecto importante: haverá um pouco mais de bem-estar em muitas famílias. Porque não são apenas os vírus e as bactérias que se transmitem; também a bondade e a atitude mental positiva são contagiosas. Acompanhadas de um sorriso, têm toda a força do mundo!

A nossa conduta é sempre um convite para os que nos rodeiam. A nora e a sogra ideal não precisam de palavras para a sua campanha pró-convivência. Simplesmente, com gestos pequenos e contínuos, levam a cabo uma prodigiosa semeadura de paz e assim constroem um mundo melhor, aqui e agora, numa onda que se expande através do bom exemplo.

Esposas e mães de família, sogras e noras ideais que hoje estão *postas no candelabro (cf. Mt 5, 14-15), em plena juventude ou na dourada maturidade dos melhores anos cheios de experiência: vocês são o braço forte de uma sociedade que precisa de ajuda. Iluminem, por favor, o panorama do mundo, começando pelo seu próprio lar e pelos seus anexos, esses outros lares dos quais nasceu o de vocês.*

Nossa Senhora as ajudará. Ainda que o Evangelho não nos diga nada a este respeito, é indubitável que a Virgem Maria foi nora e portanto teve sogros, os pais de São José. E também podemos estar certos de que os honrou plenamente, amando-os, servindo-os sem alarde e atendendo-os nos seus desejos manifestos... ou apenas pressentidos. Apoiadas nEla, mirando-nos nEla que foi verdadeiramente a Nora ideal, aprenderemos todas, sogras e noras, a parecer-nos um pouco mais com essas pessoas ideais que gostaríamos de ser.

Direção geral
Renata Ferlin Sugai

Direção editorial
Hugo Langone

Produção editorial
Juliana Amato
Gabriela Haeitmann
Ronaldo Vasconcelos

Capa
Provazi Design

Diagramação
Sérgio Ramalho

ESTE LIVRO ACABOU DE SE IMPRIMIR
A 16 DE OUTUBRO DE 2023,
EM PAPEL OFFSET 75 g/m².